Preface

はじめに

　このワークブックは「動詞キューワードで学ぶアクティヴラーニング英会話ワークブック」の基礎編です。暗記に頼らず自分の言葉で考えながら英語を話すことを目標に、基礎英会話練習のために開発されました。

　残念ながら暗記だけでは英語を話せるようにはなりません。動詞を手がかりに考えながら英語を話す練習を繰り返すことで、スピーキング力を養成します。

　スピーキングの試験準備を始めたい人（英検3級・準2級のイラスト問題）、英語は好きだけど英会話は無理（?）と思っている人は、このワークブックで英会話にチャレンジして自分の言葉で英語を話してみませんか。

執筆・編集者一同

Table of Contents　目次

Target 目標

　本ワークブックは、英会話学習をする際に、暗記に頼らず自分の頭の中で考えながら自分の言葉で英語を話せるようになることを目標として作られました。どのようにすればそれが可能なのか。それは動詞をキューワード cue word として利用することで可能になります。

　キュー cue とは、映画や舞台等での台詞の出だしとなる言葉のことです。ではなぜ動詞なのか。なぜなら英語の文は、動詞を中心に組み立てられているからです。つまり動詞が決まれば、主語、目的語、補語等が、さらに形容詞や副詞などの修飾語も決まります。だから、動詞キューワードを見れば、英文が頭の中で組み立てられるのです。理に叶った学習法といえるでしょう。実際にこの学習法を利用した人たちから「考えながら、思い出しながら英語を話すことが出来た」という感想が多く寄せられています。そして、暗記に頼らず、考えながら英語を自分の言葉で話す力をつけることによって、英会話の応用力・汎用力が期待できるわけです。

　また、このワークブックでの学習では、各 Unit のサンプル英文が、イントロダクション（導入）→ サポーティング（裏付け）→ コンクルージョン（結論）を意識した構成になっています。学習者がサンプル英文を参考に自分で英文を書いてキューワード・カードを作成し、このカードを見ながら英語を話すことで、論理的に話す練習にもなります。

　これまでの学習で培った英語力をベースに、少しだけ目先を変えた本ワークブックでの学習と練習をすれば、英語が話せる自分を発見することができるでしょう。英語を楽しく自信を持って話せる自分を想像してみませんか。

１．動詞キューワードを見ただけで、英文が頭の中で組み立てる
２．考えながら、思い出しながら英語を話す
３．英会話の応用力・汎用力が期待できる
４．論理的に話す練習になる
５．英語を楽しく自信を持って話せる

How to Learn 学習の進め方

各 Unit を以下の手順で学習を進めることをおすすめします。

Step 1 サンプルイラストを見ながら英文の読解とリテリング

＊英文の内容、文法、構成を理解し、音読後にリテリングをします。
リテリング（再話）では、英文を見ずにイラストの内容を英語で伝え合います。

↓

Step 2 サンプルをまねて絵を描く

＊同じトピックで各自絵を描きます。

↓

Step 3 英文原稿作り

＊書いた絵を英語で説明します。

↓

Step 4 キューカードを作る

＊動詞とシグナルワードを抜き出し、キューカードに書き出します。

↓

Step 5 音読練習

＊英文原稿を数回音読します。

↓

Step 6 スピーチ

＊キューカードを見ながらスピーチします。

＊ リテリング：ペアを組んで、サンプル英文を見ずに絵の内容を英語で説明し合います。

Target & How to Learn

Step 1. サンプルスピーチ英文の読解をします。この時に英文がイントロダクション、サポーティング、コンクルージョンの構成であること、動詞キューワードとシグナルワードを確認します。音読練習後、口ならしにペアを組んでリテリングし合うのも良いでしょう。

（**Unit 1** の例）

≪イントロダクション≫

　　Hi! I'm Mari. I live in Mitaka of Tokyo. I like sports. On Tuesday, I play volleyball, on Friday I play basketball, and on Saturday, I play tennis. Among them, I like tennis most.

≪サポーティング≫

　　Every Saturday I go to Green Park and play tennis with my friend Yuki. She plays tennis very well. She likes fashion, too. So, we put on our favorite uniforms and headbands. We both enjoy tennis and fashion a lot.

≪コンクルージョン≫

　　But sometimes we practice hard under our tennis coach because we have the same dream: No.1 player in Japan.

　　　　　　：動詞キューワード（英文を思い出させる）
　　　　＊一般動詞とBe動詞＋補語
　　　　　：シグナルワード（話の流れの道案内）

Step 2. サンプル英文と同じトピックについて好きに絵を描きます。

Step 3. 描いた絵を英語で説明します。

（例1）英文原稿の構成

Introduction イントロダクション

① 挨拶／書き出し
② メイン・アイディア

Supporting サポーティング

③ メイン・アイディアのサポート（説明）

Conclusion コンクルージョン

④ 結論（まとめ）

Step 4. 作成した英文から動詞とシグナルワードを抜き出し、巻末付録「Unit 1」から「Unit 8」までのそれぞれ該当するキューカードに記入します。文の終わりには // を記します。

（キューカードの書き方例）

Unit 1
巻末付録 「Unit 1」用キューカード
"I'm ___Mari___. I like ___sports___"
no. 1111 name ___Mari___
date: ___/___ score: A・B・C

Unit 1
≪ Introduction ≫
Salutation:
'm Mari//   live in//
Main Idea:
like//   On Tueseday
play//   On Friday
play//   Among them
like//

Unit 1
≪ Supporting ≫
Because every   go to
and   play//
plays//   likes//
so   put on//
enjoy//

Unit 1
≪ Conclusion ≫
But   practice//
Because   have//

Step 5. 英文原稿を見ながら、数回、音読練習をしましょう。

Step 6. キューカードを見てスピーチをします。聞き手は PEER-ASSESSMENT SHEET に聞き取った情報を記入します。

<u>Unit 1</u> PEER-ASSESSMENT SHEET	
Name of Speaker	**What does she/he likes?**
1.（例）Mari	She likes tennis very much.
2.	
3.	
4.	
5.	
6.	
7	
8.	
9.	
10.	
11.	
12.	
13.	
14.	
15.	
16.	

*PEER-ASSESSMENT: 相互評価

Unit 1.
"I'm Mari. I like sports."
一般動詞

Step 1. 絵を見て英文を読み動詞キューワード、シグナルワードを確認し、音読しましょう。口慣らしにペアでリテリングし合いましょう。

©SHIZUHA

≪ Introduction & Main idea ≫

Hi! I'm Mari. I live in Mitaka of Tokyo. I like sports. On Tuesday, I play volleyball, on Friday I play basketball, and on Saturday, I play tennis. Among them, I like tennis most.   *most 一番

≪ Supporting ≫

Every Saturday I go to Green Park and play tennis with my friend Yuki. She plays tennis very well. She likes fashion, too. So, we put on our favorite uniforms and headbands. We both enjoy tennis and fashion a lot.

                    *put on 身につける   *headband ヘアーバンド

≪ Conclusion ≫

But sometimes we practice hard under our tennis coach because we have the same dream: No.1 player in Japan.   *under our tennis coach: コーチのもとで

            ▢▢▢▢▢ : 動詞キューワード（英文を思い出させる）
            _____ : シグナルワード（話の流れの道案内）

Step 2. Step 1 のサンプルの絵を参考にして自分の好きなことを絵に描きましょう。

詳しく描くと、たくさん英語で話すことになります。

"I'm_____. I like_____."

Step 3. 描いた絵について、サンプル英文を参考に英語で説明しましょう。

≪ Introduction & Main idea ≫

_____

_____

≪ Supporting ≫

_____

_____

_____

≪ Conclusion ≫

_____

_____

Step 4. 英文から動詞とシグナルワードを抜き出し、巻末付録「Unit 1」用キューカードの下線の上に書き込み、切り取ってカードにしましょう。

Step 5. 自分の英文を数回音読しましょう（暗記をする必要はありません）。

Step 6. キューワードとシグナルワードを見ながらスピーチをしましょう。聞き手は次の PEER ASSESSMENT SHEET に聞き取った内容を英語で記入しましょう。

<u>Unit 1.</u>   PEER-ASSESSMENT SHEET

Name of Speaker   What does She/He likes? _____

1.（例）Mari   She likes tennis very much. _____

2. _____   _____

3. _____   _____

4. _____   _____

5. _____   _____

6. _____   _____

7. _____   _____

8. _____   _____

9. _____   _____

10. _____   _____

11. _____   _____

12. _____   _____

13. _____   _____

14. _____   _____

15. _____   _____

16. _____   _____

17. _____   _____

18. _____   _____

19. _____   _____

20. _____   _____

21. _____   _____

22. _____   _____

23. _____   _____

24. _____   _____

25. _____   _____

26. _____   _____

27. _____   _____

28. _____   _____

29. _____   _____

Unit 2.

"This is exciting. I am happy."
Be 動詞

Step 1. 絵を見て英文を読み動詞キューワード、シグナルワードを確認し、音読しましょう。口慣らしにペアでリテリングし合いましょう。

©SHIZUHA

≪ Introduction & Main idea ≫

TV dramas and movies **are very exciting**. **I** often **watch** them with my family at home. It **is** our common hobby, <u>but</u> we **have** different tastes.

*common 共通の　*taste 好み

≪ Supporting ≫

My favorite type of TV drama **is mystery**. My mother's favorite type **is horror**. They **are very exciting** for my mother and me, <u>but</u> my brother **doesn't like** either of them. He **is a kind** person. My father **doesn't like** them, either. He **likes** love stories, <u>and</u> my brother **likes** animal stories.　*not, either ～も…でない

≪ Conclusion ≫

I think my brother **takes after** his father <u>and</u> **I take after** my mother. **This is exciting**. **I am happy**.

*take after 受けつぐ

　　　　　: 動詞キューワード　　　＿＿＿: シグナルワード

12

Step 2. Step 1 のサンプルの絵を参考にして自分の好きなことを絵に描きましょう。

詳しく描くと、たくさん英語で話すことになります。

"This is_____. I am happy."

Step 3. 描いた絵について、サンプル英文を参考に英語で説明しましょう。

≪ Introduction & Main idea ≫

_____

_____

≪ Supporting ≫

_____

_____

_____

_____

≪ Conclusion ≫

_____

_____

Step 4. 英文から動詞とシグナルワードを抜き出し、巻末付録「Unit 2」用キューカードの下線の上に書き込み、切り取ってカードにしましょう。

Step 5. 自分の英文を数回音読しましょう（暗記をする必要はありません）。

Step 6. キューワードとシグナルワードを見ながらスピーチをしましょう。聞き手は次の PEER ASSESSMENT SHEET に聞き取った内容を英語で記入しましょう。

Unit 2.　　　PEER-ASSESSMENT SHEET

Name of Speaker　　What is exciting? _____

1. _____　　_____

2. _____　　_____

3. _____　　_____

4. _____　　_____

5. _____　　_____

6. _____　　_____

7. _____　　_____

8. _____　　_____

9. _____　　_____

10. _____　　_____

11. _____　　_____

12. _____　　_____

13. _____ _____

14. _____ _____

15. _____ _____

16. _____ _____

17. _____ _____

18. _____ _____

19. _____ _____

20. _____ _____

21. _____ _____

22. _____ _____

23. _____ _____

24. _____ _____

25. _____ _____

26. _____ _____

27. _____ _____

28. _____ _____

29. _____ _____

Step 1. 絵を見て英文を読み 動詞キューワード 、シグナルワードを確認し、音読しましょう。口慣らしにペアでリテリングし合いましょう。

©SHIZUHA

≪ Introduction & Main idea ≫

My friend Subaru and I are in Toyo Dome now. We are at the "4 B's" live concert. "4 B's" is a very popular band and they are our favorite band. But today's concert is their farewell concert.   *farewell concert 解散コンサート

≪ Supporting ≫

Everybody is singing and clapping along with the music. Some people are holding lights, others are holding "4 B's" original towels in their hands. Subaru has a red light in his hand, and I have a blue light.   *clap 手をたたく

≪ Conclusion ≫

Their music is always in my mind and encourages me. I will miss "4 B's" very much after their retirement.   *miss 〜がなくてさびしい

　　　　　　　　　　: 動詞キューワード　　　　　＿＿＿＿＿: シグナルワード

16

Step 2. Step 1 のサンプルの絵を参考にして自分の好きなことを絵に描きましょう。

　　　　詳しく描くと、たくさん英語で話すことになります。

　　　　　　"_____and_____are having a good time."

Step 3. 描いた絵について、サンプル英文を参考に英語で説明しましょう。

≪ Introduction & Main idea ≫

_____

_____

≪ Supporting ≫

_____

_____

_____

≪ Conclusion ≫

_____

_____

Step 4. 英文から<u>動詞</u>と<u>シグナルワード</u>を抜き出し、巻末付録「Unit 3」用キューカードの下線の上に書き込み、切り取ってカードにしましょう。

Step 5. 自分の英文を数回音読しましょう（暗記をする必要はありません）。

Step 6. キューワードとシグナルワードを見ながらスピーチをしましょう。聞き手は次の PEER ASSESSMENT SHEET に聞き取った内容を英語で記入しましょう。

Unit 3.   PEER-ASSESSMENT SHEET

Name of Speaker   What are they doing? _____

1. _____   _____

2. _____   _____

3. _____   _____

4. _____   _____

5. _____   _____

6. _____   _____

7. _____   _____

8. _____   _____

9. _____   _____

10. _____   _____

11. _____   _____

12. _____   _____

13. _____ _____

14. _____ _____

15. _____ _____

16. _____ _____

17. _____ _____

18. _____ _____

19. _____ _____

20. _____ _____

21. _____ _____

22. _____ _____

23. _____ _____

24. _____ _____

25. _____ _____

26. _____ _____

27. _____ _____

28. _____ _____

29. _____ _____

Unit 4.

"In the picture, Mt. Fuji is covered with snow."
受動態

Step 1. 絵を見て英文を読み動詞キューワード、シグナルワードを確認し、音読しましょう。口慣らしにペアでリテリングし合いましょう。

©SHIZUHA

≪ Introduction & Main idea ≫

On my smartphone, there are a lot of pictures. Among them, I like this picture very much. It was given to me by my friend Riku.

≪ Supporting ≫

In this picture, Mt. Fuji is covered with snow and is very beautiful. It was added to the World Heritage List in 2013 and is loved not only by Japanese people but also by people around the world. Under Mt. Fuji, a bullet train runs along the cherry trees. They are used as cultural icons of Japan.

*not only…but also ～　…だけでなく～もまた　　*bullet train 新幹線

≪ Conclusion ≫

This picture always makes me happy and gives me energy. And it makes me happy. I am proud of Mt. Fuji and like it very much.

　　　　　　　：動詞キューワード　　　　　　　：シグナルワード

Step 2. Step 1 のサンプルの絵を参考にして自分の好きなことを絵に描きましょう。

詳しく描くと、たくさん英語で話すことになります。

"In the picture,_____is covered with_____."

Step 3. 描いた絵について、サンプル英文を参考に英語で説明しましょう。

≪ Introduction & Main idea ≫

_____

_____

≪ Supporting ≫

_____

_____

_____

≪ Conclusion ≫

_____

_____

Step 4. 英文から動詞とシグナルワードを抜き出し、巻末付録「Unit 4」用キューカードの下線の上に書き込み、切り取ってカードにしましょう。

Step 5. 自分の英文を数回音読しましょう（暗記をする必要はありません）。

Step 6. キューワードとシグナルワードを見ながらスピーチをしましょう。聞き手は次の PEER ASSESSMENT SHEET に聞き取った内容を英語で記入しましょう。

Unit 4.　　　PEER-ASSESSMENT SHEET

Name of Speaker　　What is in the picture?

1. _____　　_____

2. _____　　_____

3. _____　　_____

4. _____　　_____

5. _____　　_____

6. _____　　_____

7. _____　　_____

8. _____　　_____

9. _____　　_____

10. _____　　_____

11. _____　　_____

12. _____　　_____

13. _____ _____

14. _____ _____

15. _____ _____

16. _____ _____

17. _____ _____

18. _____ _____

19. _____ _____

20. _____ _____

21. _____ _____

22. _____ _____

23. _____ _____

24. _____ _____

25. _____ _____

26. _____ _____

27. _____ _____

28. _____ _____

29. _____ _____

Unit 5.

"Last night, I had a strange dream."
過去形

Step 1. 絵を見て英文を読み動詞キューワード、シグナルワードを確認し、音読しましょう。口慣らしにペアでリテリングし合いましょう。

©SHIZUHA

≪ Introduction & Main idea ≫

Hi, I'm Ryouta. Last night I had a strange dream.

≪ Supporting ≫

In the dream, I was on an island. I rented a bicycle and kept riding along a road with no stores or houses. I pedaled my bicycle to the top of a hill. It was a wonderful view. However, it started to hail on the way back, and I was soaked and cold. I checked into a hotel and rushed into the bathroom. Unfortunately, the hot water did not run very well and did not warm me up at all. As soon as I left the bath, I went to bed and tried to sleep.   *not at all 全然～じゃない

≪ Conclusion ≫

I thought to myself, "It's cold. I need more blankets," and then I woke up. I saw my futon under the bed.

            ：動詞キューワード   ：シグナルワード

Step 2. Step 1 のサンプルの絵を参考にして自分の好きなことを絵に描きましょう。

　　　　詳しく描くと、たくさん英語で話すことになります。

"Last night, I had a strange dream."

Step 3. 描いた絵について、サンプル英文を参考に英語で説明しましょう。

≪ Introduction & Main idea ≫

_____

_____

≪ Supporting ≫

_____

_____

_____

≪ Conclusion ≫

_____

_____

Step 4. 英文から動詞とシグナルワードを抜き出し、巻末付録「Unit 5」用キューカードの下線の上に書き込み、切り取ってカードにしましょう。

Step 5. 自分の英文を数回音読しましょう（暗記をする必要はありません）。

Step 6. キューワードとシグナルワードを見ながらスピーチをしましょう。聞き手は次の PEER ASSESSMENT SHEET に聞き取った内容を英語で記入しましょう。

Unit 5.　　PEER-ASSESSMENT SHEET

Name of Speaker　　What is in the dream?

1. _____ _____

2. _____ _____

3. _____ _____

4. _____ _____

5. _____ _____

6. _____ _____

7. _____ _____

8. _____ _____

9. _____ _____

10. _____ _____

11. _____ _____

12. _____ _____

13. _____ _____

14. _____ _____

15. _____ _____

16. _____ _____

17. _____ _____

18. _____ _____

19. _____ _____

20. _____ _____

21. _____ _____

22. _____ _____

23. _____ _____

24. _____ _____

25. _____ _____

26. _____ _____

27. _____ _____

28. _____ _____

29. _____ _____

Unit 6.

"We were cooking at that time."
過去進行形

Step 1. 絵を見て英文を読み 動詞キューワード 、シグナルワードを確認し、音読しま
しょう。口慣らしにペアでリテリングし合いましょう。

©SHIZUHA

≪ Introduction & Main idea ≫

My sister and I were cooking in the kitchen during the earthquake.

≪ Supporting ≫

We were secretly making my mother's favorite seafood pasta. Because the
day was my mother's birthday. The big shake frightened us. TV news showed
a terrible disaster. We were waiting for a message from my mother when
my phone rang. The trains stopped for safety checks. I prayed, "Please let the
trains start moving soon." My prayers came true. Soon after that, she arrived
home, and she ate a lot of pasta and soup.   *Soon after that その後すぐに

≪ Conclusion ≫

Seeing her smiling face was a great relief for us. It is surely an unforgettable
birthday for my mother.

　　　　　：動詞キューワード 　　　　　：シグナルワード

Step 2. Step 1 のサンプルの絵を参考にして自分の好きなことを絵に描きましょう。

詳しく描くと、たくさん英語で話すことになります。

"We were _____ing at that time."

Step 3. 描いた絵について、サンプル英文を参考に英語で説明しましょう。

≪ Introduction & Main idea ≫

_____

_____

≪ Supporting ≫

_____

_____

_____

≪ Conclusion ≫

_____

_____

Step 4. 英文から動詞とシグナルワードを抜き出し、巻末付録「Unit 6」用キューカードの下線の上に書き込み、切り取ってカードにしましょう。

Step 5. 自分の英文を数回音読しましょう（暗記をする必要はありません）。

Step 6. キューワードとシグナルワードを見ながらスピーチをしましょう。聞き手は次の PEER ASSESSMENT SHEET に聞き取った内容を英語で記入しましょう。

Unit 6.　　　PEER-ASSESSMENT SHEET

Name of Speaker　　What were they doing? _____

1. _____　_____

2. _____　_____

3. _____　_____

4. _____　_____

5. _____　_____

6. _____　_____

7. _____　_____

8. _____　_____

9. _____　_____

10. _____　_____

11. _____　_____

12. _____　_____

13. _____ _____

14. _____ _____

15. _____ _____

16. _____ _____

17. _____ _____

18. _____ _____

19. _____ _____

20. _____ _____

21. _____ _____

22. _____ _____

23. _____ _____

24. _____ _____

25. _____ _____

26. _____ _____

27. _____ _____

28. _____ _____

29. _____ _____

Step 1. 絵を見て英文を読み動詞キューワード、シグナルワードを確認し、音読しましょう。口慣らしにペアでリテリングし合いましょう。

©SHIZUHA

≪ Introduction & Main idea ≫

According to the weather forecast, it will rain tomorrow. I'm sad because we are going to have a soccer game against ABC team tomorrow afternoon. The game is the semifinals and the team is our rival.   *the semifinals 準決勝

≪ Supporting ≫

Of course, we will play the game in the rain. But to tell the truth, I don't like rain because I made a big miskick in the rain before. Because of my miskick, our team lost the game. I sometimes remember that time and lose confidence.

*miskick ミスキック   *confidence 自信

≪ Conclusion ≫

But someday I will overcome my weaknesses. It will rain tomorrow, but now, I'm excited about the game.   *overcome 乗り越える

          ：動詞キューワード   ：シグナルワード

Step 2. Step 1 のサンプルの絵を参考にして自分の好きなことを絵に描きましょう。
詳しく描くと、たくさん英語で話すことになります。

"It will rain tomorrow."

Step 3. 描いた絵について、サンプル英文を参考に英語で説明しましょう。

≪ Introduction & Main idea ≫

_____

_____

≪ Supporting ≫

_____

_____

_____

_____

≪ Conclusion ≫

_____

_____

Step 4. 英文から動詞とシグナルワードを抜き出し、巻末付録「Unit 7」用キューカードの下線の上に書き込み、切り取ってカードにしましょう。

Step 5. 自分の英文を数回音読しましょう（暗記をする必要はありません）。

Step 6. キューワードとシグナルワードを見ながらスピーチをしましょう。聞き手は次の PEER ASSESSMENT SHEET に聞き取った内容を英語で記入しましょう。

Unit 7.　　　PEER-ASSESSMENT SHEET

Name of Speaker　　What will they do?

1._____　_____

2._____　_____

3._____　_____

4._____　_____

5._____　_____

6._____　_____

7._____　_____

8._____　_____

9._____　_____

10._____　_____

11._____　_____

12._____　_____

13. _____ _____

14. _____ _____

15. _____ _____

16. _____ _____

17. _____ _____

18. _____ _____

19. _____ _____

20. _____ _____

21. _____ _____

22. _____ _____

23. _____ _____

24. _____ _____

25. _____ _____

26. _____ _____

27. _____ _____

28. _____ _____

29. _____ _____

Unit 8.

"When Kenta was a small child, he lived in Osaka."
接続詞

Step 1. 絵を見て英文を読み動詞キューワード、シグナルワードを確認し、音読しましょう。口慣らしにペアでリテリングし合いましょう。

©SHIZUHA

≪ Introduction & Main idea ≫

Kenta lived in Osaka, when he was a small child. He sometimes thinks about Osaka. Osaka is a very exciting city. He used to visit various places with his grandparents, such as Osaka Castle and Abeno-Harukasu.

*used to 〜したものだ

≪ Supporting ≫

His grandparents live in Umeda. They are very kind, especially to Kenta. They sometimes give him advice when he has trouble. Their advice always helps him. But last year, his grandpa twisted his ankle by accident. He was in the hospital for a week.

*be in a hospital 入院する

≪ Conclusion ≫

Now Kenta lives in Saitama, far away from Osaka. He'll go to Osaka and help his grandparents. Now, he thinks that it will be his turn.

*his turn 彼の番

　　　　：動詞キューワード　　　　　：シグナルワード

36

Step 2. Step 1 のサンプルの絵を参考にして自分の好きなことを絵に描きましょう。

　　　　詳しく描くと、たくさん英語で話すことになります。

　　　　　　"When_____was a small child,_____lived in_____."

Step 3. 描いた絵について、サンプル英文を参考に英語で説明しましょう。

≪ Introduction & Main idea ≫

_____

_____

≪ Supporting ≫

_____

_____

_____

≪ Conclusion ≫

_____

_____

Step 4. 英文から動詞とシグナルワードを抜き出し、巻末付録「Unit 8」用キューカードの下線の上に書き込み、切り取ってカードにしましょう。

Step 5. 自分の英文を数回音読しましょう（暗記をする必要はありません）。

Step 6. キューワードとシグナルワードを見ながらスピーチをしましょう。聞き手は次の PEER ASSESSMENT SHEET に聞き取った内容を英語で記入しましょう。

Unit 8.　　　PEER-ASSESSMENT SHEET

Name of Speaker　　Where did she/he live?

1. _____　　_____

2. _____　　_____

3. _____　　_____

4. _____　　_____

5. _____　　_____

6. _____　　_____

7. _____　　_____

8. _____　　_____

9. _____　　_____

10. _____　　_____

11. _____　　_____

12. _____　　_____

13. _____ _____

14. _____ _____

15. _____ _____

16. _____ _____

17. _____ _____

18. _____ _____

19. _____ _____

20. _____ _____

21. _____ _____

22. _____ _____

23. _____ _____

24. _____ _____

25. _____ _____

26. _____ _____

27. _____ _____

28. _____ _____

29. _____ _____

巻末付録
「Unit 1」用キューカード

"I'm_____ . I like_____"

no._____ name_____

date:_____ /_____   score: A ・ B ・ C

≪ Introduction ≫

_____ _____

_____ _____

_____ _____

_____ _____

_____ _____

≪ Supporting ≫

_____ _____

_____ _____

_____ _____

_____ _____

_____ _____

≪ Conclusion ≫

_____ _____

_____ _____

_____ _____

_____ _____

_____ _____

キリトリセン

巻末付録
「Unit 2」用キューカード

"This is_____. I am happy."

no._____ name_____

date:_____ /_____   score: A ・ B ・ C

≪ Introduction ≫

_____   _____

_____   _____

_____   _____

_____   _____

_____   _____

キリトリセン   キリトリセン

≪ Supporting ≫

_____   _____

_____   _____

_____   _____

_____   _____

_____   _____

≪ Conclusion ≫

_____   _____

_____   _____

_____   _____

_____   _____

キリトリセン

巻末付録
「Unit 3」用キューカード

" _____ and _____ are

having a good time."

no. _____ name _____

date: _____ / _____   score: A ・ B ・ C

≪ Introduction ≫ _____

_____ _____

_____ _____

_____ _____

_____ _____

_____ _____

≪ Supporting ≫ _____

_____ _____

_____ _____

_____ _____

_____ _____

≪ Conclusion ≫ _____

_____ _____

_____ _____

_____ _____

_____ _____

キリトリセン

Unit 4

巻末付録
「Unit 4」用キューカード

"In the picture,_____is covered

with_____."

no._____ name_____

date:_____/_____ score: A ・ B ・ C

Unit 4

≪ **Introduction** ≫

_____ _____

_____ _____

_____ _____

_____ _____

_____ _____

キリトリセン   キリトリセン

Unit 4

≪ **Supporting** ≫

_____ _____

_____ _____

_____ _____

_____ _____

Unit 4

≪ **Conclusion** ≫

_____ _____

_____ _____

_____ _____

_____ _____

Unit 5

巻末付録
「Unit 5」用キューカード

"Last night, I had a strange dream."

no._____ name_____

date:_____/_____ score: A ・ B ・ C

Unit 5

≪ **Introduction** ≫

_____ _____

_____ _____

_____ _____

_____ _____

_____ _____

Unit 5

≪ **Supporting** ≫

_____ _____

_____ _____

_____ _____

_____ _____

Unit 5

≪ **Conclusion** ≫

_____ _____

_____ _____

_____ _____

_____ _____

キリトリセン

巻末付録
「Unit 6」用キューカード

"We were _____ing at that time."

no._____ name_____

date:_____/_____ score: A ・ B ・ C

≪ Introduction ≫

_____ _____

_____ _____

_____ _____

_____ _____

_____ _____

キリトリセン

キリトリセン

≪ Supporting ≫

_____ _____

_____ _____

_____ _____

_____ _____

≪ Conclusion ≫

_____ _____

_____ _____

_____ _____

_____ _____

キリトリセン

巻末付録
「Unit 7」用キューカード

"It will rain tomorrow."

no._____ name_____

date: _____/_____ score: A ・ B ・ C

キリトリセン

≪ Introduction ≫

_____ _____

_____ _____

_____ _____

_____ _____

_____ _____

キリトリセン

≪ Supporting ≫

_____ _____

_____ _____

_____ _____

_____ _____

≪ Conclusion ≫

_____ _____

_____ _____

_____ _____

_____ _____

キリトリセン

巻末付録
「Unit 8」用キューカード

"When_____was a small child.

_____lived in_____"

no._____ name_____

date:_____ /_____ score: A ・ B ・ C

≪ Introduction ≫

_____ _____

_____ _____

_____ _____

_____ _____

_____ _____

キリトリセン

≪ Supporting ≫

_____ _____

_____ _____

_____ _____

_____ _____

≪ Conclusion ≫

_____ _____

_____ _____

_____ _____

_____ _____

_____ _____

キリトリセン